Ludwig Palmer

Gedichte eines Arbeiters

Ludwig Palmer

Gedichte eines Arbeiters

ISBN/EAN: 9783743455931

Hergestellt in Europa, USA, Kanada, Australien, Japan

Cover: Foto ©ninafisch / pixelio.de

Manufactured and distributed by brebook publishing software
(www.brebook.com)

Ludwig Palmer

Gedichte eines Arbeiters

Literarisches

Schatzkästlein

———

VI. Band.

Deutsche Verlags-Anstalt
Stuttgart, Leipzig, Berlin, Wien.

Gedichte eines Arbeiters

Von

Ludwig Palmer,
Eisenarbeiter in Schorndorf.

Ausgelesen und zusammengestellt

von

Walter Kellerbauer

Mit L. Palmers Bildnis

Deutsche Verlags-Anstalt
Stuttgart, Leipzig, Berlin, Wien

Inhalt.

―�―

Vorwort.

Ludwig Palmer ist am 24. Oktober
1856 als Sohn eines einfachen Handwerkers
in der württembergischen Oberamtsstadt
Schorndorf geboren. Sehr früh verlor er
seinen Vater und mußte, um der kränklichen
Mutter und einer jüngeren Schwester bei-
zustehen, zur Beschaffung des Lebensunter-
haltes in einer Fabrik Arbeit nehmen. Es
begreift sich leicht, daß er aus dieser niederen
äußeren Lebensstellung bis heute noch nicht
herausgekommen ist.

Umsomehr hat er sich in geistiger Be-
ziehung über die gewöhnlichen Grenzen
seines Standes emporgerungen, aus eigner

Kraft, in lebendigem Bildungsdrange. Von Jugend auf widmete er die kargbemessene freie Zeit jeder Lektüre, deren er irgend habhaft werden konnte; mit größtem Eifer und besonderer Liebe las er die Dichter, die Klassiker. Mit welcher Innigkeit er sie erfaßte, läßt sich schon aus der äußerlichen Thatsache entnehmen, daß er heute noch eine Fülle von Einzelstellen und ganzen Gedichten von fast allen bekannteren deutschen Dichtern der neueren Zeit auswendig weiß, sodaß sie ihm in seinen Briefen als Citate spielend aus der Feder fließen, daß er sie sich selbst und seinen Freunden bei sonntäglichen Spaziergängen deklamirt.

Wir erkennen darin die erste Regung des schlummernden eignen Talentes, das erst spät, aber dann in fast vollkommener Reife in ihm zum Durchbruche kam. Erst als Mann wagte er die ersten tastenden Versuche, um bald in vollen Akkorden die Saiten seiner Lyra anzuschlagen.

Sein Kampf ums Dasein, ums kümmer-
liche Dasein, ist schwer, besonders schwer für
ihn, der mit seinem hohen Geistesstreben,
seinem warmen, innigen Gemüte in den
dunstigen Maschinensaal gebannt ist, zu
geisttötender Arbeit unter Menschen, die
ihn nicht immer verstehen; und doppelt
schwer für ihn, weil zu diesem äußeren
Geschicke noch sein innerliches Unglück
hinzukommt.

Mein klopfendes Herze durchzittert
Ein tiefes, gewaltiges Weh. —

ein Unglück, das auf ihm lastet wie Tan-
talusqualen, gleich unabwälzbar, mensch-
licher Linderung entzogen. Es ziemt mir
nicht, an dieser Stelle nähere Ausführungen
darüber zu geben; ich darf nur sagen: es
ist kein glücklicher Mensch, von dem diese
Lieder stammen.

Allein — wie man aus der Form
der Gedichte den niederen Arbeiter nicht
erkennt, so wird man auch an ihrem

Inhalte den Unglücklichen nicht merken. Und das ist das Große, Bewunderungs- würdige an dem schlichten, unscheinbaren Manne, dem es als eine Entweihung der Muse erscheinen möchte, ließe er auch sie unter der Bürde seines irdischen Joches erseufzen zu Klage und Jammergesang. Eben hierin bewahrheitet sich, was Felix Dahn sagte: es steckt in diesem Arbeiter ein Stück „echt Schillerscher Idealismus." So schwingt er sich auf in das Reich des Gesanges, der Phantasie, wo er seines

Lebens Pein

Gar oft vergessen kann.

Der freie Geist des Dichters ruft dem mühselig ringenden Arbeiter zu:

O, wenn dein Herz der Gram umdüstert,
Verliere nur die Hoffnung nicht! —

Die ewge Liebe ist kein leerer Wahn,
O glaube nur, daß sie dich nicht vergißt.

Der Herausgeber verweist noch auf einen
Artikel: „Nur ein Arbeiter", der auf An=
regung Felix Dahns in der „Deutschen
Dichtung", herausgegeben von Karl Emil
Franzos (Berlin, Fontane & Co.) im
Jahrgang 1893/94 erschien. Durch diesen
Artikel ist der Herausgeber auf L. Palmer
aufmerksam gemacht worden und hat infolge=
dessen jetzt diese Sammlung der Gedichte
des ihm zum Freunde gewordenen Arbeiters
der Oeffentlichkeit übergeben. Der Artikel
enthält vor allem einige Briefe Palmers
an F. Dahn, die einen Einblick in sein
Wesen und in seine materielle Lage ge=
währen.

Gegenwärtig lebt der Dichter mit seiner
Familie in seiner Geburtsstadt, wo er
in einer Eisenmöbelfabrik arbeitet. Seine
drückende Lage wird ihm kaum gestatten,
die Leistungsfähigkeit seines Talentes ganz
zu erproben, seine dichterischen Anlagen
ganz zu entfalten. Deshalb wünschte ich,

ich könnte ihm einen größeren Dienſt thun, als ich ihm mit der Herausgabe dieſer Sammlung geleiſtet habe; jetzt habe ich für ihn nur den Wunſch, daß ihm noch ein beſſeres Los beſcheert werden möge; es ihm ſelbſt zu bereiten, reichen meine Kräfte nicht hin.

Tübingen, im Herbſt 1895.

Walter Kellerbauer.

Tauperlen.

Im rauschenden Walde die Morgen-
luft weht,
Hell schimmert die grünende Au;
Die Lerche jubelt ihr Morgen-
gebet,
Im Sonnenlicht funkelt der Tau;
Auf Gräsern und Blumen erglänzt er
so rein
In prächtigen Farben wie Edelgestein
Und spiegelt das himmlische Blau.

Wie reichlich erquickt er die lechzende
Flur
Und schmückt ihr das grüne Gewand!
Sie trinkt aus dem kühlenden Born
der Natur
Und Segen befruchtet das Land.

So send' ich den blitzenden Tauperlen
gleich
Die lieblichen Kinder der Muse zu euch;
Empfangt sie mit freundlicher Hand!

Vermischte Gedichte.

Gedichte eines Arbeiters.

Gebunden.

Wie gerne möcht' ich oft entfliehen
Zu dir, du Waldeseinsamkeit,
Du Welt voll schöner Phantasien,
Voll seliger Vergessenheit.
Wie sehn' ich mich, von mir zu drängen
Des Lebens eiteln Trug und Schein,
Die Fessel, die mich hält, zu sprengen
Und einmal wieder Mensch zu sein!

Umsonst! Ich bin ins Joch geschmiedet
Im dunstigen Maschinensaal,
Und in dem Drang, der da sich bietet,
Verschmachtet jedes Ideal.
Um kargen Lohn ein hartes Ringen
Vom Morgen bis zum Abend spät;
Nur flüchtig darf der Geist sich schwingen
Hinaus, wo Gottes Odem weht.

Ruhelos.

Ein Stündchen heller Sonnenschein,
Dann wochenlange Regenschauer;
Ein Tropfen süßer Freudenwein,
Und dann ein Meer voll Angst und Trauer;
Ein heißer Kuß, ein Liebesblick,
Und dann ein wild und grimmig Hassen:
So unbeständig ist mein Glück,
So treulos hat es mich verlassen.

In stetem Kampfe.

Du magst mein Schweigen wohl verdammen,
Und heimlich zürnen wirst du mir,
Sitz' ich, wenn einmal wir beisammen,
So stumm und wortlos neben dir.
Wähl' ich der glatten Wege keinen,
Wo leichtem Sinn die Luft erblüht,
So mag dir öd und düster scheinen
Mein warmes, inniges Gemüt.

Mir ist ein steter Kampf beschieden;
Mein Tag hat wenig Sonnenschein,
Und meine Nacht hat wenig Frieden,
Drum schau' ich oft so finster drein.
So manche Hoffnung war vergebens,
Und tödlich schmerzte der Verzicht —
Da grub der bittre Ernst des Lebens
Die Furchen mir ins Angesicht.

Wenn auch mit fahlem Silberschimmer
Die Sorge mir das Haar durchwob:
Mit neuer Kraft mein Geist sich immer
Ins Reich der Ideale hob.
Die Liebe, die mein Herz durchflutet,
Verklärt mein Leid mit ihrem Licht —
Ein Kämpfer, der noch nie geblutet,
Verdient des Sieges Palme nicht.

Ermutigung.

Du klopfst so stürmisch und so bang,
Du armes Herz, gedulde dich;
Es dauert wahrlich nicht mehr lang
Dann legt der böse Zauber sich.

Dann schaust du wieder frisch und frei
Empor zum klaren Sonnenlicht,
Und all die düstre Träumerei
Besteht vor deinem Mute nicht.

Ein Lächeln, das die Freude bringt,
Wird wohl auch dir beschieden sein;
Wer mutig mit dem Schicksal ringt,
Der schlägt sich Funken aus dem Stein.

Mein Edelstein.

Ein ungeschliffner Edelstein
Ruht still in meiner Brust;
Er funkelt nicht im Kerzenschein,
Ich trug ihn lang im Herzensschrein
Mir selber unbewußt.

Das ist der Hang zur Poesie,
Die hehre Geisteskraft,
Die mir die Muse selbst verlieh,
Die meiner Seele Harmonie
Und süße Freuden schafft.

Mir fehlt des Glückes Sonnenschein,
Bin ein gehetzter Mann;
Mein Höchstes ist der Edelstein,
Darob ich dieses Lebens Pein
Gar oft vergessen kann.

Fata Morgana.

⁂

In der Wildnis möcht' ich wohnen
Fern von hier am blauen Nil,
Wo die Palmen ihre Kronen
Wiegen in der Lüfte Spiel;
Wo die Katarakte schäumen,
Wo die Lotosblume blüht,
Unter Palmen möcht' ich träumen
Von der Sonne Pracht umglüht.

In die Wüste möcht' ich reiten
Stolz mit Schwert und Wurfgeschoß,
Flink in unbekannte Weiten
Jagen auf dem Berberroß;
Von des Tages Glut entlastet
Ruhen unterm weißen Zelt,
Wo die Karawane rastet,
Wenn der Mond die Nacht erhellt.

1*

In die Gärten möcht' ich schauen,
Wo die Springfontäne rauscht,
Wo des Ostens schöne Frauen
Traulich wandeln, unbelauscht,
Netzend ihre zarten Füße
In des Marmorbades Flut,
Wo im Schatten eine süße
Odaliske träumend ruht.

Möchte nachts beim Sterngeflimmer
Segeln auf dem Bosporus,
Wo am Strand der kühne Schwimmer
Holt verbotner Liebe Kuß;
Dort, wo weiße Marmorstufen
Führen in die stille Bucht,
Leis der Rose Stambuls rufen,
Die bereit zu kühner Flucht.

Wo umtost von Meeresbrandung
Eine grüne Insel ruht,
Dorthin fliegt zu sichrer Landung
Meine Barke durch die Flut.

Holder Traum, den ich erfonnen!
Hier mit meinem Lieb allein
Dem Geräufch der Welt entronnen,
Möcht ich frei und glücklich fein!

Liebesfrühling.

Hörst du die Quelle rauschen
Durch Felsgestein und Moos?
Hier möcht' ich träumen und lauschen,
Mein Haupt in deinem Schoß.

Möcht' ruhn an deinem Herzen
In Waldeseinsamkeit,
Vergessen alle Schmerzen,
Vergessen alles Leid.

Möcht' schau'n in Glück versunken
Dein holdes Antlitz nur,
Möcht' lauschen wonnetrunken
Auf deinen Liebesschwur.

So fern dem Weltgetriebe,
So selig und so rein,
So reich in deiner Liebe
Möcht' ich auf ewig sein!

Vergiß die Welt.

Vergiß die Welt und alles, was uns
trennt,
An meine Brust leg sanft dein müdes
Haupt,
Die letzte Freistatt, die dir niemand raubt,
Wo still der Liebe heil'ges Feuer brennt.

Und wenn die ganze Menschheit dich ver-
kennt,
Hier ist ein Herz, das ewig an dich glaubt;
Der Hoffnung Myrtenzweig ist nicht ent-
laubt,
Noch leuchtet unser Stern am Firmament.

Komm, laß uns schlürfen von dem Nektar-
trank,
Und labe dein verdurstet Herz daran,
So lang uns noch des Lebens Becher winkt.

Was kümmert uns der Feinde Neid und
Zank!
O Sonne, lächle mich noch einmal an,
Eh' dieser Tag in ew'ge Nacht versinkt.

Nur dir allein.

Kein Haß der Welt soll unsre Liebe stören!
So bin und bleib' ich immerdar gesinnt,
Solang noch glühend heiß mein Herzblut
rinnt:
Nur dir, nur dir allein will ich gehören.

Ich will mit Inbrunst dir die Treue schwören,
Mit jenem Mut, der täglich neu beginnt
Und der am Ende doch den Sieg gewinnt,
Mich gegen jedes Hindernis empören.

Nur wenn mein Herz vom heißen Kampf
ermattet,
Laß mich zur Rast in deine Arme fliegen;
Du kühle mir die frisch geschlagne Wunde.

Vom Rosenstrauch der Liebe überschattet,
Nur eine Stunde möcht' ich träumend liegen,
Nur eine einz'ge, seligfrohe Stunde.

Früher Abschied.

Die Dämmrung kündet schon den Tag!
Der Himmel blickt so wolkentrüb,
Dumpf hallt vom Turm der Glockenschlag:
Ich muß jetzt scheiden, süßes Lieb.

Wie schnell entfloh die schöne Zeit!
Wie fällt der Abschied mir so schwer:
Die Welt ist groß, die Welt ist weit,
Vielleicht wir sehn uns nimmermehr.

Wie ist mir doch ums Herze weh,
Schau' ich dein bleiches Angesicht;
O schließ die Augen wann ich geh!
Ein Wort des Trostes weiß ich nicht.

Ein Kuß, ein stummer Druck der Hand,
Noch einmal warm umfängst du mich —
Leb wohl mein Lieb! Im fernen Land
Denk' ich an dich; denk' ich an dich!

Gruß in die Ferne.

∗

Zur Dämmerstunde will ich an dich denken,
Nach jedem Tag, der mir dahingegangen;
Und hält des Grames Nacht mein Herz
umfangen,
Will ich mich ganz in meine Lieb' versenken.

O dürfte ich dein Lebensschifflein lenken,
Bis es zum sichern Hafen eingegangen!
Du dürftest mir vertrauen ohne Bangen,
Es sollte dich kein Widersacher kränken! —

Nichts, nichts ist mir vergönnt, ich muß
verzichten;
Gebieterisch rufen meines Lebens Pflichten —
Nur von dir träumen darf ich, — an dich
dichten!

Aus weiter Ferne send' ich meine Lieder;
Sie rauschen hin auf klingendem Gefieder
Und klopfen an dein Herz: O kehre wieder!

———•—•—•———

Nicht ganz geschieden.

Du bist so nahe meinem Herzen,
Und dennoch bist du mir so fern;
Du Quelle meiner Lust und Schmerzen,
Du meines Lebens schönster Stern.
Kaum zog wie süßes Frühlingsahnen
In meine Brust die Liebe ein,
Da willst du schon zur Trennung mahnen
Und sprichst: Es muß geschieden sein!

Doch kaum vermag ich es zu tragen,
Weil fast mein Herz darüber bricht —
Du selber willst, ich soll entsagen — ?
Vergib mir, ich vermag es nicht!
Ich kann nicht so mich von dir wenden;
Und nenn' ich dich auch niemals mein,
So soll der goldne Traum nicht enden,
Es soll nicht ganz geschieden sein!

In meiner Seele tiefstem Grunde,
Da berg' ich dein geliebtes Bild;
Da blutet fort die eine Wunde,
Da ruht mein Sehnen ungestillt.
Vor aller Welt verborgen trage
Ich hoffnungsloser Liebe Pein —
O, gib mir deine Hand und sage:
Es soll nicht ganz geschieden sein!

Halbes Glück.

Was nützte mir, dich mein zu wissen,
Müßt' ich von dir geschieden sein;
Ich könnte deinen Blick nicht missen,
Nicht deine Stimme süß und rein.
Und was mir da noch übrig bliebe,
Versüßte nicht mein bittres Leid:
Ein Lieben ohne Lohn der Liebe
Ist Himmel ohne Seligkeit.

Frage.

❧

O komm und lege noch einmal
Dein Haupt an meine treue Brust,
O lindre mir die stete Qual,
Die oft mich foltert unbewußt.
's gab eine Zeit, da konntest du
Nicht ohne meine Liebe sein,
Und stürmisch schlug dein Herz mir zu —
O sage mir, bist du noch mein?

Oft faßt der Zweifel hart mich an,
Er flüstert mir so höhnisch zu,
Mein stilles Glück sei nur ein Wahn,
Mich bald verlassen würdest du.
So thu, was dir dein Herz gebeut;
Enthebe mich des Zweifels Pein,
Und gebe Gott, daß dich's nicht reut —
O sage mir, bist du noch mein?

— — ·—◆—· — —

Noch bin ich dein!

O du mein Lieb, mein Sonnenstrahl,
Der mir so mild das Herz erwärmt,
Wie ist doch deine Wange fahl,
Wie bist du bleich und abgehärmt.
O blicke nicht so kummervoll
Mit stummer Klage her auf mich;
Vernimm mein Wort, das trösten soll,
Noch bin ich dein und liebe dich!

Vergib, ich hatte nicht bedacht,
Als ich im Grolle von dir schied,
Daß mir im Busen Tag und Nacht
Erklingt der Liebe Sehnsuchtslied.
Nun trag' ich selbst der Trennung Qual,
Nun kommt die Reue über mich:
O du mein Lieb, mein Sonnenstrahl,
Noch bin ich dein und liebe dich!

Begegnung.

Heut glänzt so blau der Himmel,
Hell schimmern Thal und Höh;
In grüner Blätter Fülle
Mischt sich der Blüten Schnee.
Gehüllt in Sonntagsfrieden,
Wie ruht das Dorf so still;
Nur leises Bienensummen
Herüberdringen will.

Ich zog zur guten Stunde
In Feld und Wald hinaus;
Die schönsten Frühlingsblumen,
Die pflückt' ich dir zum Strauß.
Nun kommst du mir entgegen:
Wohlan, das trifft sich gut!
Wie strahlt dein helles Auge
Und deiner Wangen Glut!

Wie mich dein holdes Lächeln
Beseligt und beglückt;
O nimm die Blumenspende,
Die ich für dich gepflückt!
Viel schöner, als die Erde
Des Lenzes Feierkleid
Schmückt dich der Anmut Fülle,
Du wunderholde Maid.

Vorüber.

❦

Ich mußt' vorüber gehen;
Das Fenster offen war,
Im Sommerwinde wehen
Sah ich ihr schwarzes Haar.

Ich sah ihr Haupt sich neigen,
Sie schaute niederwärts;
Mir ward so weh, so eigen,
Mir ging ein Stich durchs Herz.

Fahr wohl, du letztes Hoffen —
Ich schaue nicht empor;
Ich bin zum Tod getroffen,
Seitdem ich dich verlor.

Es klingt wie Harfentöne
Mir klagend durchs Gemüt:
Wie schmerzlich, daß das Schöne
So schnell, so schnell verblüht!

Verwehte Klänge.

Ob schon des Herbstes kühle Schauer
Mir künden, daß der Winter naht,
Dein Bild verscheucht mir alle Trauer,
Wirft Sonnenschein auf meinen Pfad.
Und ob das Schicksal unbeständig,
Mein Lenzestraum bleibt ewig jung,
In meinem Herzen wohnt lebendig
Die selige Erinnerung.

Süß klang das Lied der Nachtigallen,
Als uns die Lenznacht mild umfing;
Noch seh' ich jene Buchenhallen,
Wo ich an deiner Seite ging:
Und wieder hör' ich leise klagen
Verwehte Klänge schönrer Zeit,
Ich fühle warm und innig schlagen,
Dein Herz von Lieb und Seligkeit.

O halte Raft!

Du Perle vom gelobten Lande,
Du schönes Kind aus Judas Stamm,
Du Myrtenzweig vom Jordanstrande,
Du unschuldvolles Opferlamm!
Komm, flüchte dich auf meine Schwelle,
Hier sucht dich der Verfolger nicht;
Eh' sendet ihn mein Arm zur Hölle,
Eh' er dich Rosenknospe bricht.

Die Mutter, die dich einst geboren,
Ruht wohl schon längst im stillen Grab;
Drum irrst du, in der Welt verloren,
So freudlos ohne Licht und Stab;
Und keines Vaters Hände bringen
Dich, du Verlassne, heimatwärts;
Mit der Versuchung mußt du ringen,
Die hart bestürmt dein reines Herz.

Es hat fanatische Verblendung
Entfacht des Pöbels blinde Wut;
Ich sah der Heiligtümer Schändung,
Zum Himmel schreit vergoßnes Blut!
Gar viele deiner Volksgenossen
Sind müdgehetzt und heimatlos;
Dir hat sich ein Asyl erschlossen:
O flüchte dich in meinen Schoß!

Vertraue mir, du zarte Taube,
Du sollst nicht länger schutzlos sein;
Dir bleibt dein Volk, dir bleibt dein Glaube,
Und was du siehst, ist alles dein.
Was schweifst du irrend in der Ferne?
Hier find'st du dein gelobtes Land!
O folge deinem guten Sterne,
Und fasse meine Retterhand.

Was du empfunden.

Was du empfunden von des Lebens Glück,
Bewahr es treu, denk oft daran zurück!
Denk oft an deiner Jugend Rosenzeit,
Wenn dir die Welt den Pfad mit Dornen
streut.

Sind auch die goldnen Stunden längst
entflohn,
Naht sich des Lebens Herbst und Winter
schon:
Erinnrung bringt dir manchen Sonnenblick,
O denk an deine Rosenzeit zurück!

Waldesrauschen.

Haft du noch nie gelauſchet,
Wenn durch den weiten Wald
Der Sturmwind mächtig rauſchet,
Gleichwie ein Lied erſchallt?

Wenn mit den ſcharfen Schwingen,
Er durch die Bäume fegt,
Hörſt du das wilde Singen,
So wunderbar erregt?

Mich faßt ein ſüßer Schauer;
Mir klingt aus dieſem Sang
Gebundner Geiſter Trauer
Geheimnisvoll und bang.

Sehnsucht.

O wunderfamer Frühlingshauch,
Du weckft in meinem Herzen auch
So manches Lied, das ftumm und tief,
Schon halb vergeffen in mir fchlief.

Doch mitten in des Sanges Luft
Da klopft das Heimweh an die Bruft;
Es mahnt an die Vergangenheit,
Den Lenzestraum der Jugendzeit.

In lauer Frühlingsnacht.

Ich ging durchs Feld in lauer Frühlings-
              nacht,
Allwärts den Blüten süßer Duft entquoll;
Im Laub der Bäume aber rauschte sacht
Der Windhauch leise und geheimnisvoll.
Zwar sah ich nicht der Blätter saftig Grün,
Doch sog ich gerne ihren Balsamhauch;
Hoch über mir sah ich die Sterne glühn,
Und lieblich sang die Nachtigall im Strauch.

Ich blickte still zum Firmament empor,
Der Erde dunkle Schatten sah ich nicht;
Hoch durch die Lüfte flog ein Meteor,
Es glänzte hell in wunderbarem Licht.
Und wunderseltsam ward mir da zu Mut;
Ich schien erhaben über Zeit und Raum,
Als wär' ich nicht ein Mensch von Fleisch
              und Blut
Und die Vergangenheit ein leerer Schaum.

Ob mich im Leben oft der Schein betrog,
Getäuschte Hoffnung oft mein Herz gequält —
Ein süßer Friede nun die Brust durchzog,
Ich fand den Trost, der mir so lang gefehlt.
Es sagte mir dies Ewigkeitsgefühl,
Daß ich nicht in der Welt verloren sei,
Und daß mein beſſres Selbſt aus dem
Gewühl
Sich einst erhebt vom Staub der Erde frei.

Frühling.

Nun hat der holde Lenz begonnen,
Nun hält er seinen Siegeszug;
Der düstre Winter ist zerronnen,
Der die Natur in Bande schlug.
Willkommen sei der Himmelsbote!
Wir lauschen seinem Ostergruß
Und freuen uns, daß aus dem Tode
Das Leben neu erblühen muß.

Er möge mit Drommetenklängen
Verkünden, daß die Wahrheit siegt;
Er möge jeden Kerker sprengen,
In dem das Recht gefangen liegt;
Und aus des Irrtums Nebelpfaden
Zeig er uns sonnenhelle Bahn,
Daß sich das Aug' im Lichte baden,
Die Seele sich verjüngen kann!

Wie mild die lauen Lüfte wehen!
Vor ihrem Hauche schmolz der Schnee:
O Menschenherz, so muß vergehen
Dein banges Leid und tiefes Weh!
Dann schmilzt des Unmuts starre Rinde,
Die dich umfangen hält mit Macht,
Auf daß der Geist Erlösung finde
Aus seines Trübsinns dumpfer Nacht.

Blick auf, o Mensch, Du suchst vergebens
Im Dogmenkram der Gottheit Spur;
Sie wohnt im frischen Hauch des Lebens,
Der ewig schaffenden Natur;
Sie hat nicht Anbeginn, nicht Ende,
Sie ist kein Traum der Phantasie;
Und löst den Kampf der Elemente
Zuletzt in reine Harmonie.

Im Frühling.

Welch ein Duften, welch ein Blühn,
Reicher Maiensegen!
Ueppig sproßt das junge Grün
Rings auf allen Wegen.
In der grünen Blättertracht
Steht der Wald mit Prangen,
Und des Lenzes Zaubermacht
Hält uns lind umfangen.

Menschenherz, vergiß der Qual!
Sei des Harmes müde!
Oeffne dich dem Sonnenstrahl
Wie die junge Blüte.
Sollst nicht mehr zu eigner Pein
Am Verlornen hangen;
Siegreich zog der Frühling ein:
Gib dich nur gefangen!

Und bei all der Herrlichkeit
Solltest du nicht säumen,
Um von einer bessern Zeit
Wenigstens zu träumen,
Daß sich auch dein Los zuletzt
Freundlich wird gestalten;
Mutvoll mag die Hoffnung jetzt
Ihr Panier entfalten!

Abendfriede.

Am Waldessaume dunkelt's wieder,
Die Nacht zieht leise ins Gefild,
Der Friede Gottes schwebt hernieder
Und lagert sich so hehr und mild.
Der Windhauch in den Bäumen flüstert,
Ich höre, was sein Rauschen spricht:
O, wenn dein Herz der Gram umdüstert,
Verliere nur die Hoffnung nicht!

Dort ruht ein Vogel wohlgeborgen,
Er schlummert froh vertrauend ein:
Es folgt auf jede Nacht ein Morgen,
Und mit ihm kommt der Sonnenschein.
So schlumre nun auch du in Frieden
Im Schoße treuerfüllter Pflicht;
Auch dir ist noch ein Glück beschieden:
Verliere nur die Hoffnung nicht!

Abendempfindung.

Es will der Sonne Glutstrahl nun erblaſſen,
Im Abendgold ſeh' ich die Wolken ſchwimmen,
Und im Gebüſch hör' ich der Vögel Stimmen,
Die hell ihr letztes Lied ertönen laſſen.

Mein Auge kann den letzten Schimmer faſſen;
Und auch das Abendrot ſeh' ich verglimmen —
Ich möchte faſt in wildem Weh ergrimmen,
Ich fühle mich ſo einſam und verlaſſen!

Auf leiſem Fittich ſinkt die Nacht hernieder;
Auch hier im Herzen will es Abend werden.
Mein Blick ſchweift träumeriſch hinaus zur
Ferne.

Verklungen ſind des Lebens holde Lieder,
Es winkt mir keine Hoffnung mehr auf
Erden;
Am Himmel aber glänzen hell die Sterne!

Dämmerstunde.

Schon ist hinter Wolkengebirgen
Die Sonne hinuntergetaucht,
Die Wipfel der Waldbäume rauschen,
Vom Abendwind leise umhaucht.

Ich setze mich nieder am Bache
Und lausche dem seltsamen Lied,
Und lausche der Welle Gemurmel,
Die flüchtig zum Ozean zieht.

Schon wirft ihren schwarzgrauen Schleier
Die Nacht aufs weite Gefild,
Und prächtig am tiefblauen Himmel
Erstrahlen die Sterne so mild.

Es fällt eine goldene Thräne
Hernieder aus schwindelnder Höh' —
Mein klopfendes Herze durchzittert
Ein tiefes, gewaltiges Weh.

Mein Sonntag.

❧

Der liebe Sonntag zog ins Land herein;
Laßt mich hinaus! ich möchte einsam
                               schweifen,
Ich möchte schauen, wie im Sonnenschein
Die goldnen Aehren schon zur Ernte reifen!
Der Friede Gottes wohnt auf weiter Flur;
Und überall, wohin mein Schritt sich wendet,
Fühl' ich den warmen Pulsschlag der Natur;
Schau' ich den Segen, den der Schöpfer spendet.

Vom Turm tönt feierlich der Glockenklang,
Die Beter seh' ich still zur Kirche ziehen;
Und aus der Wölbung dringt ein Chor=
                               gesang;
Doch sind es lauter ernste Melodien.
Ich eile stumm vorbei am Domportal,
Mich zieht es zu des Waldes grünen
                               Bäumen;
Dort braust der Freiheit heil'ger Sturmchoral.
Dort kann ich beten, kann ich selig träumen,

3*

In ernster Sammlung schreit' ich still dahin
Durch grüner Buchen hohe Laubengänge;
Von allen Seiten aus dem Dämmergrün
Erschallen froh der Vöglein Lustgesänge.
Du grauer Fels, sei du mein Hochaltar,
Bedeckt mit Moos, umrankt von grünen
               Zweigen!
Hoch über mir wölbt sich der Himmel klar,
Zu dem die Lerchen jubelnd aufwärts steigen.

Du hoher Himmel, heiliges Brevier,
In das ich oft mit tiefer Andacht schaue!
Mit deiner Sonnenpracht und Sternenzier,
Mit deinem reinen, wunderschönen Blaue.
Du bist der Gottheit wahres Tempelzelt,
Dein Anblick kann ein düstres Herz erhellen;
Wie sehn' ich mich aus dieser falschen Welt
Empor zu deinen lichten Aetherwellen!

Der Hauch des Weltgeists hat mich ganz
               erfüllt,
Mir der Erkenntnis Hochgefühl geschaffen;
Nicht mehr in myst'sches Dunkel eingehüllt,
Nicht mehr als Wahn und Truggebild der
               Pfaffen,

Im Glanz der Wahrheit jetzt erscheint er mir!
Und betend muß ich meine Hände falten:
Du lieber Vater! ich vertraue dir,
Mag sich die Zukunft noch so trüb gestalten! —

Das ist mein Morgenpsalm, mein Sonntag-
lied,
Das ist mein Dankgebet zum Gott der
Wahrheit,
Wenn Glockenklang die Sommerluft durch-
zieht
Und rings die Flur erglänzt in stiller
Klarheit.
Im Herz die Liebe, die vom Himmel stammt,
Ein kühner Mut, ein hoffnungsvolles
Wagen —
Ob dann die schnöde Welt mich auch ver-
dammt,
Nach ihrem Urteil hab' ich nichts zu fragen.

Ein Ruheplatz.

Tief im Busch hör' ich die Amsel singen,
Und der Abend ist so klar und mild! —
Wo vom Felsenhang die Bächlein springen,
Steht ein steinernes Madonnenbild.
Sind auch wohl die Hände längst vermodert,
Die es einst gemeißelt in den Stein,
Von des Himmels Flammenglut umlodert
Prangt es noch in lichtem Glorienschein.

Vom Gezweig der Eichen überschattet
Sanft erhebt sich eine Rasenbank;
Ruhe, Wandrer, wenn dein Fuß ermattet,
Wenn dein Herz von Sorge müd und krank.
Eile flüchtend aus dem Weltgetriebe
Und vergiß den Hader unsrer Zeit;
Schau das reine Sinnbild frommer Liebe
In der waldumrauschten Einsamkeit.

Wer du seist und was du auch empfunden
Von dem Geiste, der das All durchweht,
Fühle dich an keine Form gebunden;
Stumme Andacht selbst ist ein Gebet!
Nicht das Steinbild hier sollst du verehren,
Das der Sage heil'ger Kranz umgiebt;
Die Natur soll dich erkennen lehren,
Wie der Schöpfer seine Menschen liebt.

Kein Mirakel kann die Stätte bieten,
Keine fromm geglaubte Wunderkraft —
In des Waldes Einsamkeit und Frieden
Schweigt der wilde Sturm der Leidenschaft.
Lebensodem zieht durch alle Räume;
Süße, wundersame Harmonie
Trägt das Herz durch kühne Hoffnungs-
                                    träume
In die Märchenwelt der Phantasie.

Weltvergessen.

Es liegt eine einsame Mühle
Im grünen Thal versteckt,
Ein Lindenbaum hat schützend
Die Aeste drüber gestreckt.

Der Müller ist verschwunden,
Das Haus steht öd und leer;
Das Werk ist eingerostet,
Die Mühle geht nicht mehr.

Es tummeln sich die Wellen
Vorbei am Wasserrad,
Und wildes Dorngeranke
Versperrt den einsamen Pfad.

Es hängt auf Blättern der Rose
Wie Thränenperlen der Tau;
Ein Habicht schwimmt in den Lüften
Verschwindend im Aetherblau.

Im Wipfel des knorrigen Baumes,
Da rauscht und wispert der Wind
Von alten Geschichten und Sagen,
Die längst vergessen sind.

Zum Jahreswechsel.

Schon wieder ist ein Jahr entflogen,
Schon wieder ist ein Schritt gethan;
Die neue Zeit wälzt ihre Wogen
So unaufhaltsam rasch heran,
Als ob ein Strom die Fesseln sprengte
Des Eises, daß die Scholle kracht,
Als ob ein Morgenrot sich drängte
Ins düstere Gewölk der Nacht.

Noch immer muß die Menschheit irren,
Noch immer tobt der alte Streit,
Mit seiner Drangsal, seinen Wirren
Der ganze Jammer unsrer Zeit.
Wer löst den Bann, der uns umnachtet?
Wer bringt das Heil als Friedensgruß,
Nach dem die Menschheit lang geschmachtet,
Und das ihr einmal werden muß?

Doch wollen wir nicht mutlos zagen,
Es kann nicht immer dunkel sein;
Es wird, es muß die Stunde schlagen,
Da bricht das Morgenrot herein.
Ein neuer Lenz erblüht auf Erden,
Ob auch die Flur im Eise starrt;
Bald wird das Heil verkündet werden
Trotz alles Leids der Gegenwart.

O blicke froh und hoffnungsheiter
Der Zukunft in das Angesicht;
Geh mutig auf dem Pfade weiter,
Der dich zur Wahrheit führt, zum Licht!
Und kannst du nicht die Ernte raffen,
Und sinkst du, eh' das Ziel erstrebt:
Halfst du am großen Werke schaffen,
So hast du nicht umsonst gelebt.

Winterleid.

Es brausen die Stürme so schaurig und wild,
Rings lagert der Schnee auf dem weiten
Gefild;
Am schlafenden Bache, da deckt er so weiß
Die feste, die blinkende Brücke von Eis.

So schweigsam der Wald und so öd ist die
Flur,
Verwischt ist des Lebens gewaltige Spur,
Verdorrt, was im Lenze so herrlich geblüht,
Und Sorge umdüstert das bange Gemüt.

Im Herzen nur pocht noch die Liebe versteckt
Und hat mir die Träume der Sehnsucht
geweckt —
Schweig' still, o du Mahner an selige Zeit!
Das Glück ist so fern, und der Weg ist
verschneit.

Humoristisches

als

Intermezzo.

Summma summarum.

Auf meines Lebens via mala,
Der Schicksalsträume wilder scala,
Ging's erst piano, dann crescendo,
Dann forte und dann diluento.

Ach, einmal gab's ein amoroso
Mit furioso und doloso,
Dann Dissonanzen, ganz fatale,
Und jetzt steh' ich vor dem finale.

Weidmannsheil!

Ein Schütz zog frisch und munter
Hinaus zum grünen Tann;
Auf Wildbret wollt' er birschen,
Auf Sauen und auf Hirschen,
Und was man sonst im Walde
Noch alles treffen kann.

Bei einer klaren Quelle
Traf er die schönste Maid;
Sie suchte süße Beeren,
Er konnt' es ihr nicht wehren,
Weil die für alle Menschen
Wild wachsen auf der Haid.

Dort stand ein äsend Hirschlein
Auf grünem Wiesengrund
So günstig für den Schützen;
Doch thät es ihm nichts nützen;
Von Amors Pfeil getroffen
Sein Herz war todeswund.

Er schaute sie an so lange,
Sie schaute ihn an so tief;
Im süßen Rausch der Minne
Vergingen beiden die Sinne —

— — — — — — —

Der Hirsch von dannen lief.

Der geschorene Liebling.

Um eine Locke bat ich dich,
Eh' uns die Abschiedsstunde schlug;
Du hast mir's freundlich zugesagt,
Vergessen hast du's bald genug.

Als ich dich heute wiedersah,
Da warst du deines Schmucks beraubt;
Verändert standst du vor mir da
Mit einem glattgeschornen Haupt.

Die Haare, die ich oft geküßt,
Die oft an meiner Brust geruht,
Hast du nun kurzer Hand entfernt
In launenhaftem Uebermut.

Was galt dir mein beſcheidner Wunſch?
Du haſt vielleicht darob gelacht;
Und daß ein Thor ſich deshalb kränkt,
Nein, daran haſt du nicht gedacht!

Der Herr Friſeur that ſein Geſchäft,
Ihm machte die Geſchichte Spaß;
Er warf mein ganzes Heiligtum
A tempo in das Kehrichtfaß.

Hunde-Elend.

Bin ich jüngst zu später Stunde
In der lauen Frühlingsnacht
Einsam durch die Flur gewandelt,
Sah hinauf zur Sternenpracht.
Wollte eben träumend lauschen
Auf der Nachtigallen Sang,
Als ein tolles Hundsgebelle
Scharf mir in die Ohren drang.

Ach, in meines Nachbars Garten
Haust ein böser Cerberus;
Seine Stimme, tief und heiser,
Schaffte mir gar viel Verdruß.
Gellend hub ein kleiner Spitzer
Gleich zu sekundiren an,
Und die Hunde in der Runde
Haben wacker mitgethan.

Nicht mehr kann ich friedlich wandeln,
Durch das stille Wiesenthal,
Wo die Quelle leise murmelt,
Silbern blinkt im Mondesstrahl;
Nicht mehr poesirend schweifen
Durch das Reich der Phantasie:
Meine Muse, ach! verscheucht mir
Dieses tolle Hundevieh.

Wenn des Hausknechts Köhlerglaube
Nächtens oft Gespenster sieht,
Wenn er wilder Angst zum Raube
Zagend hinters Gitter flieht,
Wenn er mit der Büchse Knallen
Das Phantom verscheuchen will —
Na, das lass' ich mir gefallen;
Einmal wird er wieder still.

Aber solch ein niederträcht'ges
Hundsgekläff ist zu absurd,
Und mit einem Beil erschlagen
Könnt' ich diese Mißgeburt,

Welche stundenlang noch zetert,
Wenn ein Mensch vorüberging,
Und den Lenzestraum verwettert,
Der mich just so hold umfing.

Schlimmes Zeichen unsrer Tage,
Böse Konstellation!
Ueberall ertönt die Klage:
Die Romantik ist entflohn!
Ja, die Welt ist sehr prosaisch,
Aengstlich, stolz und — grillenhaft:
Wo zwei Menschen friedlich wohnen,
Wird ein Kläffer angeschafft.

Arges Pech.

Jüngst sattelt' ich meinen Pegasus
Und schrieb beim Lampenlichte,
Berührt von der Muse heiligem Kuß,
Zwei wunderschöne Gedichte.

Es trugen die Flügel der Phantasie,
Mich hoch über irdische Schranken;
So schöne Gedichte schrieb ich noch nie,
So fließend und voller Gedanken!

Und als ich fertig war — Gott sei Dank! —
Und als die Begeistrung verflogen,
In einen alten Bücherschrank
Warf ich die beschriebenen Bogen.

Am andern Tage gar viel geschah,
Da hab' ich die Verse vergessen;
Und als ich nach den Papieren sah,
Da hatten's die Mäuse gefressen.

Bei dieser Entdeckung verzweifelt' ich schier
Und rief mit Schelten und Zanken:
Die Schändlichen fraßen nicht bloß das
                                    Papier,
Sie fraßen mir meine Gedanken!

Nun bin ich betrogen ums Honorar,
Verloren mein geistiges Ringen!
Wer Pech hat, dem fressen die Mäuse sogar
Die Pläne noch vor dem Gelingen.

Der Geizhals.

Ein alter Geizhals hängte sich
Aus Gründen mancherlei;
Da kam sein Nachbar Veit hinzu,
Der schnitt den Strick entzwei.
„Was machst du?" rief der Geizhals wild,
„Ich litt noch keine Qual;
Du schneidest mir den Strick entzwei,
Nun heißt es: Freund, bezahl!"

„Denn war es auch kein neuer Strick
Und war er alt und schlecht,
Du zahlst mir ihn im Augenblick
Ganz nach Gesetz und Recht." —
Der Nachbar Veit bequemte sich
Zu diesem schweren Schritt;
Der Geizhals lachte fürchterlich:
Fünf Pfennige Profit!

Nicht lang darnach fiel es ihm ein:
Ich häng' mich noch einmal;
Mein Nachbar wird barmherzig sein,
Dann heißt es: Freund, bezahl! —
Der Nachbar Veit im Garten stand
Und düngte seinen Kohl;
Er sah den Geizhals an der Wand
Und sprach: du hängst mir wohl!

Elegisches.

⚔

Einsame Wanderung.

Herbstesnebel, trübe Regentage —
Einsam schreit' ich durch den Hochwald hin;
Ueber meinem Haupt mit wilder Klage
Heult der Sturmwind seine Melodien;
Ueberall, wo seine Flügel sausen,
Jagt er welke Blätter in die Flucht;
Und der Bach mit donnergleichem Brausen
Stürzt sich grimmig in die Felsenschlucht.

Lust und Liederklang sind schon entflogen
Und der Wald verlor sein grünes Kleid,
Südwärts ist die Nachtigall gezogen —
Alles mahnt an die Vergänglichkeit.
Meiner Jugend Träume sind zerronnen,
Meine schönste Hoffnung ist dahin;
Wie die Flur zu sterben hat begonnen
Fühl' ich, wie ich ganz verlassen bin.

Tief in meines Herzens tiefstem Grunde
Ist ein unnennbares Weh erwacht,
Und mit Schmerzen denk' ich an die Stunde,
Wo ein schönes Auge mir gelacht;
Wo der holde Frühling mich beglückte,
Wo der Liebe Zauber mich umfing,
Und die Falsche, die mein Herz berückte,
Durch den Wald an meiner Seite ging.

Weiche, Trugbild, mir aus meiner Seele!
Längst ist ja der goldne Traum dahin —
Ob ich zu vergessen auch mich quäle,
Immer steigst du auf in meinem Sinn.
Glück und Frieden sind von mir genommen,
Tief im Herzen bittrer Kummer nagt —
Heule, Sturm, dein tosendes Willkommen!
Bist der einz'ge Freund, der mit mir klagt.

Spätherbſt.

Wie ſich der Nebel auf die Felder breitet,
Still die Natur zu ihrer Ruhe geht,
Der letzte Wandervogel von uns ſcheidet,
Der Wind das letzte Blatt vom Baume weht,
So muß auch uns der Freuden manche
           ſchwinden,
Die Lenz und Sommer lieblich uns beſchert,
Und ohne Hoffnung auf ein Wiederfinden
Verliert das Herz, wonach es heiß begehrt.

So manches Herze möchte ſich bedecken
Mit dichtem Nebel der Vergeſſenheit,
Damit Erinnrung nicht es könnte wecken
Und mahnen an des Frühlings Wonnezeit,
Weil ſeines Lebens Glück mit ihr ent-
           ſchwunden,
Wie ſüdwärts nun der Wandervogel zieht —
Und nirgends es das Paradies gefunden,
Wo ihm ein zweiter Frühling neu erblüht.

Wie schlummernd ruht die winterliche Erde,
Hüllt sich das Menschenherz in Träume ein,
Und troh des Lebens Mühsal und Beschwerde
Träumt es von Lenzesluft und Sonnenschein.
O schirm es vor der Winterstürme Toben,
Auf daß es jung und lenzesfroh erwacht,
Wann hell der Liebe Sonnenstrahl von oben
Dereinst zerstreut die bange, düstre Nacht.

Winterträume.

❦

Wirbelnde Flocken, vom Winde getrieben,
Decken die Pfade, wo einsam ich geh';
Träume der Hoffnung, wo seid ihr geblieben?
Herz, warum bist du so traurig und weh?
Sei nur getrost, sei nur getrost,
Ob auch der Sturmwind dich feindlich umtost!

Unter der eisigen Decke verborgen
Fließen die Wässerlein rüstig zu Thal,
Träumet die Saat von dem lenzfrischen Morgen
Und von der Sonne erlösendem Strahl.
Träume auch du, hoffe auch du,
Schließe die Augen und träume nur zu!

Trotze des Lebens Bedrängnis und Stürmen,
Mancherlei liegt zwischen morgen und heut;
Ueber ein kleines, da schallt von den Türmen
Frisches und fröhliches Ostergeläut,
Lenzhauch so mild weht durchs Gefild,
Heimliche Sehnsucht ist wieder gestillt.

Kunkelstube.

Draußen stürmt der Winter wild,
Rüttelt an den Fensterscheiben;
Hier ein lebenswarmes Bild,
Hier ein heimlich süßes Treiben.

Lauschend der Erzählerin,
Sitzt die Mädchenschar im Kreise
Traumumsponnen Herz und Sinn;
Und die Räder schnurren leise.

Kunkelstubenpoesie!
Nein, du bist noch nicht veraltet,
Und im Frost der Zeit ist nie
Deine stille Glut erkaltet.

Nur im Volke treu und schlicht
Wohnst du heimlich in der Stille,
Spinnst um Sage und Gedicht
Traulicher Gedanken Fülle.

Mondnachtſtille.

Der Tag verſchied; am Himmelsraume
Glänzt hell der Sterne goldnes Heer
Und über weißem Wolkenſchaume
Durchſchifft der Mond das Aethermeer.
Ich ſchaue ſtill ins Thal hernieder
Von waldumkränztem Bergeshang;
Und aus der Bruſt, dem Hort der Lieder,
Erhebt ſich meiner Muſe Sang.

Wie rings umher in tiefem Frieden
Still ſchlummernd liegt das weite Land,
Als wäre aller Schmerz hienieden
Geſtillt von eines Engels Hand.
Sei mir gegrüßt, o Mondnachtſtille!
Du ſänftigſt das erregte Herz; —
Entſchlummert iſt des Lebens Fülle,
Die Sehnſucht ſchwingt ſich himmelwärts.

5

Hinauf, wo hell die Sterne funkeln
In majestätisch ernster Pracht,
Sehnt meine Seele sich im Dunkeln
Aus dieser Erde Kerkernacht.
Wie dieses brünstige Verlangen
Des Zweifels Finsternis erhellt,
So süß und lind hält mich umfangen
Die Ahnung einer bessern Welt.

Was sich dem Geiste hin und wieder
Als blitzende Erkenntnis zeigt,
Was sich im klaren Strom der Lieder
Mir göttlich huldvoll zugeneigt:
Zum Wohllaut werden Sturmaccorde,
Mich grüßt erhabner Sphärensang,
Der nicht in arme Menschenworte
Sich zwängen läßt, im Herzensdrang.

Wo liegt im ungemessnen Raume
Das heißersehnte Wunderland?
Mir ist, als wär' ich nur im Traume
Auf dieser Erde festgebannt,

Wo um das Herz, das todeswunde,
Sich eng die Sorgenfessel schlingt,
Bis mir die letzte Kampfesstunde
Erwachen und Erlösung bringt.

Offenbarung.

Ich stand im Mondlicht auf des Berges
Gipfel
Und schaute träumend in das weite All;
Der Windhauch rauschte durch die Tannen-
wipfel
Und in der Ferne sang die Nachtigall.
Tief unten scholl des Kataraktes Brausen,
Wie Geisterstimmen drang es an mein Ohr,
Und aus den Thälern, wo die Menschen
hausen,
Stieg sacht ein weißer Nebelstreif empor.

Und wie ich dorthin meine Blicke sandte,
Entstieg dem Nebelflor ein seltsam Bild:
Ein Kämpfer war's in hartem Stahlgewande,
In seinen Händen trug er Schwert und
Schild.

Er trat zu mir und sprach in ernstem Tone:
Vernimm Poet, was ich dir künden muß,
Verheißung bring' ich dir, dem Erdensohne,
Ich bin der Menschheit guter Genius.

Zweitausend Jahre sang man Friedens-
psalmen,
Indes die Menschheit wütend sich zerfleischt;
Zweitausend Jahre schwang man Friedens=
palmen,
Indes der Krieg Millionen Opfer heischt.
Der sanfte Jesus predigte Versöhnung,
Doch seine Christen tragen grimmen Haß,
Noch schleift die Wahrheit man zur Dornen=
krönung,
Noch wird der Unschuld Auge thränennaß.

Nun endlich hat die Stunde doch geschlagen,
Die eine neue Weltepoche bringt;
Nicht mehr die Menschheit, toll in wildem
Wagen,
Mit blut'gen Händen um den Lorbeer ringt.

Nur einmal noch, so spricht die Offenbarung,
Nur einmal noch entbrennt ein heißer Streit,
Wo zu der heil'gen Menschenrechte Wahrung
Der Himmel selber seine Blitze leiht.

Noch ist die letzte Hoffnung nicht verloren,
Ob auch die finstre Macht der Hölle droht;
Und eine schönre Zukunft wird geboren,
Wie Wetterleuchten glänzt ihr Morgenrot.
Gewappnet stehen treue Kämpferscharen,
Jetzt wird der Zwingburg festes Thor be-
rannt;
Ich höre schon die hellen Sturmfanfaren,
Und auf den Bergen loht der Feuerbrand.

Ich selber kämpfe mit in dieser Fehde,
Drum siehst du mich von blankem Stahl
umhüllt;
Daß ich den finstern Geist der Zwietracht töte,
Trag' ich dies scharfe Schwert, den festen
Schild.
Ich zieh' voran der ersten Sturmkolonne,
Ich führe sie zu diesem Waffengang —
Im blut'gen Glanz der neuen Ostersonne
Ertönt der Freiheit Schlachtdrommetenklang.

Dann aber wird der Friede endlich walten,
Dann endlich wird auf blutgetränktem Feld
Der Geist des Lichtes seine Heerschau halten
Und aus den Trümmern steigt die neue
              Welt! —
Fahr wohl, Poet, und künde deinem Volke,
Was du vernommen, was du hier geschaut. —
Und die Erscheinung schwand in einer Wolke,
Sie schwebte ostwärts, wo der Morgen graut.

Eine Heimat.

Die mühevolle Pilgerreise
Des Lebens einem Kampfe gleicht,
Wo Tag für Tag, auf jede Weise
Das Heer der Sorgen uns umschleicht.
Da netzt man oft mit heißen Thränen
Des Nachts die harte Lagerstatt;
Doch soll sich niemand elend wähnen,
Wenn er noch eine Heimat hat.

So mancher jagt nach eitelm Schimmer
Und setzt sein Leben dafür ein;
Bescheidnes Los behagt ihm nimmer,
Fast eine Welt ist ihm zu klein.
Doch seht, er wird, umstellt von Netzen,
Des wilden Treibens endlich satt,
Und darf zuletzt sich glücklich schätzen,
Wenn er noch eine Heimat hat.

Wohl kann nicht jeder da verbleiben,
Wo seiner Kindheit Traum verfloß;
Wenn uns des Lebens Stürme treiben,
Sagt sich das Herz von manchem los.
Doch hat man endlich Rast gefunden
Von jener trauten Stätte weit,
So malt der Geist in stillen Stunden
Sich Bilder aus der Jugendzeit.

Gleichwie durch einer Harfe Saiten
Von ungefähr ein Windhauch zieht,
So mahnt uns an vergangne Zeiten
Ein altes, halbvergeßnes Lied.
Aus unsrer Seele tiefstem Grunde
Bricht heiße Sehnsucht jäh empor;
Das arme Herz erkennt zur Stunde,
Was es besaß, was es verlor.

Gehst du auf blumenreichen Pfaden
Und in des Glückes Sonnenschein,
Stellt doch einst, wenn auch ungeladen
Sich dieser Gast im Herzen ein.

Und mitten in dem Lustgetümmel
Erzählt Erinnrung dem Gemüt,
Daß unter heimatlichem Himmel
für dich ein schönres Glück erblüht.

O lausche diesen sanften Klängen,
Ergib dich ihrem Zauber nur!
O wolle sie nicht von dir drängen,
Es ist die Stimme der Natur.
Oft rettet dich ein leises Ahnen,
Wenn du vor einem Abgrund stehst,
Und diese Stimme wird dich mahnen,
Wenn du auf dunkeln Wegen gehst.

Und stehst du einsam im Gedränge
Des fremden Volks im fremden Land,
Und hat der freunde eitle Menge
Sich treulos von dir abgewandt:
O nicht zu ängstlich sollst du sorgen;
Denn leichter trägst du jede Last,
Dir bleibt ein Trost, du bist geborgen,
Wenn du noch eine Heimat hast.

Doch ist die Heimat dir verschlossen,
Lacht nirgends mehr ein Hoffnungsstern,
Gehst du verlassen und verdrossen
Auf rauher Bahn, vom Ziele fern:
Getrost! auch du erringst den Frieden,
Wenn du vom Schmerz geläutert bist,
Wenn du erkannt hast, daß hienieden
Nicht deine rechte Heimat ist.

Alpenlied.

Von hoher Felsenwand
Schau' ich ins Alpenland,
Rosen und Edelweiß
Pflück' ich am steilen Rand.
Wie wird mein Herz so weit
Bei all der Herrlichkeit,
Jubelt, von Kummer und Sorge befreit.

Hier, wo der Adler haust,
Hier, wo der Sturmwind braust,
Schüttelt den Föhrenwald
Mit seiner Riesenfaust;
Schäumend der Wildbach zieht
Durch weites Felsgebiet:
Sitz' ich am Bergeshang, jauchze mein Lied.

Donnernder Büchfenfnall
Wecfet den Widerhall,
Jäh in die felfenfluft
Stürzt fich der Wafferfall.
Hellauf der Jodler flingt,
flüchtig die Gemfe fpringt,
Leuchtend die Sonne den Nebel durchdringt.

Gruß dir mit Herz und Hand,
Schönes Tirolerland,
Grünende Alpenflur,
Berge im Schneegewand!
funfelnde Gletfcherpracht,
Dämmernde Waldesnacht,
Stets hab' ich eurer in Treue gedacht.

Ein Blick nach Hohentwiel.

O Thurgaus grüne Rebenhänge,
Wie oft stieg ich zu euch empor,
Wenn ich entflohen dem Gedränge
In stilles Träumen mich verlor.

Doch ob die Schweiz mit ihren Gauen,
Mit ihren Bergen mir gefiel,
So manchmal trieb mich's, auszuschauen
Hinüber nach dem Hohentwiel.

Still träumend von vergangnen Tagen,
Bestrahlt von lichtem Sonnenglanz,
Sah ich ihn in der Ferne ragen
Mit dem zerbrochnen Mauerkranz.

Auf des Gedankens raschem Flügel
Entfloh mein Geist zu diesem Ziel;
Sei mir gegrüßt, du stolzer Hügel,
Du alte Veste Hohentwiel!

Sei mir gegrüßt zur guten Stunde,
Du Schwabens wohlbekannte Mark;
Ich fühl' es, daß im tiefsten Grunde
Mein Herz ein stilles Heimweh barg.

Geheimer Sehnsucht stumme Klage
Ich hauch' sie in der Lüfte Spiel,
Daß es sie sanft hinübertrage
Zum fernen, schönen Hohentwiel!

Abschied vom Bodensee.

Der Sommer flieht, und herbstlich trübes
Weben
Zieht wie ein Schauer still durch die Natur;
Die Vögel rüsten sich zur Reise eben,
Durchirren schwärmend einmal noch die Flur.
Und wie die Schwalbe prüft ihr leicht Ge-
fieder,
So nahm ich Abschied jetzt mit stillem Weh:
So leb denn wohl, ich seh' dich niemals
wieder,
Leb wohl, du stiller, klarer Bodensee!

Wie ernst und schweigend steht der Wald
da droben,
Wo sonst mein Horn so hell und lustig klang;
Die Matte liegt von grauem Dunst umwoben,
Und brausend stürzt der Bach vom Felsen-
hang.

Ein düftrer Himmel fendet Regen nieder;
In meinem Herzen regt fich heimlich Weh:
So leb denn wohl, ich feh' dich niemals
wieder,
Leb wohl, du ftiller, klarer Bodenfee!

So leb denn wohl, du liebliches Gelände,
Ihr, treue Freunde, die ich laffen muß;
Noch einmal drücken wir uns warm die
Hände,
So nehmt des Sängers letzten Abfchiedsgruß.
Aus ferner Heimat fend' ich meine Lieder,
Sie finden euch, wohin ich immer geh':
So treffen wir uns doch im Geifte wieder
Im Schweizerland am klaren Bodenfee!

Heimkehr.

Ich fuhr über brausende Wogen
Und suchte das flüchtige Glück;
Da hat mich das Heimweh gezogen
So mächtig zur Heimat zurück.
So wend' ich denn wieder das Steuer,
Wohin meine Seele begehrt:
O Deutschland, wie bist du mir teuer,
O Deutschland, wie bist du mir wert!

Amerikas volkreiche Städte,
Sie bergen viel Elend und Harm;
Und wenn ich Paläste dort hätte,
Ich fühlte mich einsam und arm.
Wie hab' ich das gastliche Feuer,
Die Liebe so schmerzlich entbehrt —
O Deutschland, wie bist du mir teuer,
O Deutschland, wie bist du mir wert!

So mag denn im Winde verklingen
Der fremde Sirenengesang!
Die Segel zur Heimat mich bringen,
Nach der ich geschmachtet so lang.
So will ich nun inniger, treuer
Festhalten am heimischen Herd:
O Deutschland, wie bist du mir teuer,
O Deutschland, wie bist du mir wert!

Sonntagstille.

Sonntagstille, Morgenluft,
Vogelsang und Blumenduft!
O wie ist's auf Bergeshöhn
    Doch so schön!
Ja, hier will ich gerne rasten
Von des Lebens Müh' und Hasten,
Fern von dem Geräusch der Welt,
In des Waldes grünem Zelt.

Aus den Thälern weit und breit
Klingt der Glocken Festgeläut;
Betend zieht die fromme Schar
    Zum Altar.
Ernste, heilige Gedanken
Still sich um die Seele ranken:
Geist, zu dem die Menschheit fleht,
Vater! hör auch mein Gebet!

Grünend liegt das weite Land
In des Frühlings Festgewand,
Lächelnd küßt der Sonnenstrahl
   Berg und Thal.
Andacht hat das Herz umwoben,
Und ein sanfter Hauch von oben
Trägt mir Himmelsfrieden zu —
Heimatland, wie schön bist du!

Erwacht.

O Morgenwind, wie mir dein Hauch so
kräftig
Die kranke, fieberheiße Stirne kühlt! —
Wie regt sich rings das Leben so geschäftig,
Da die Natur sich neugeboren fühlt.
Nein, nicht mehr länger will ich mich versenken
In tiefe, schwermutsvolle Träumerei;
Ich bin erwacht, beginne klar zu denken,
Die Fessel springt, mein Geist ist wieder frei!

Was von der Nacht verworrnen Traum-
gebilden
Gleichwie ein Alp auf dem Gemüte lag,
Weicht wie der Nebel dort auf den Gefilden,
Und lächelnd kommt ein heitrer Sonnentag.
Sein Strahl hat jede Finsternis vertrieben;
Zum Himmel wend' ich froh mein Angesicht:
O habe Dank! Ich will das Gute lieben
Und treu erfüllen meine Menschenpflicht!

Schlaf wohl!

Das Mühlwehr rauscht beim Abendschein,
Die Weiden schaukeln im Wind,
Und leise bricht die Nacht herein;
Ich schließe still das Fensterlein —
Schlaf wohl, mein liebes Kind!

Der letzte Schimmer sanft erlischt,
Die Dämmrung deckt uns lind;
Im Teiche noch ein Reiher fischt,
Der Nachttau schon die Flur erfrischt —
Schlaf wohl, mein liebes Kind!

Es schweigt der Vöglein muntrer Sang,
Längst sie zur Ruhe sind;
Im nahen Wald am Bergeshang
Ertönt der Eule Ruf so bang —
Schlaf wohl, mein liebes Kind!

Aus dunkler Kluft so sacht hervor
Ein Brünnlein rauscht und rinnt;
Ein Irrlicht flattert übers Moor,
Wo mancher schon den Pfad verlor —
Schlaf wohl, mein liebes Kind!

Und leise dich ein holder Traum
Mit Zaubermacht umspinnt;
So stille wird's im weiten Raum,
Du schlummerst ein, du merkst es kaum:
Schlaf wohl, mein liebes Kind!

Hat auch die Welt dir weh gethan,
Die Welt ist falsch und blind,
Streut Dornen dir auf deine Bahn;
Doch einer schaut dich liebreich an —
Schlaf wohl, mein süßes Kind!

Des Kindes Blick.

✳

Mir fließt ein Born im stillen Grunde
So silberklar und ohne Trug,
Da kühl' ich meine heiße Wunde,
Die mir der Menschen Bosheit schlug.
Zu diesem Borne flücht' ich immer,
Wenn mich bedrängt des Lebens Not,
Und wenn mir meiner Leuchte Schimmer
Im Sturme zu erlöschen droht.

O ewig frische Segensquelle,
Wie manchmal fand ich Trost in dir!
O Kindesauge lieblich helle,
Welch süß Geheimnis birgst du mir!
Kein Edelstein so farbenprächtig
Glänzt heller mir im Sonnenlicht,
Als wenn ein Strahl der Liebe mächtig
Aus meines Kindes Auge bricht.

Gedichte eines Arbeiters.   7

Was birgt die Zukunft in der Ferne? —
Aus diesem unschuldsvollen Blick,
Aus seiner Augen hellen Sterne
Droht mir kein feindliches Geschick.
Dies Kleinod will ich sorgsam pflegen,
Du Glück, an das mein Herz noch glaubt
O laß mich einst zur Ruhe legen
An deiner Brust mein müdes Haupt.

Dem toten Liebling.

Im Lenzestraum, in deiner Blüte
Hat dich des Todes Hand geknickt;
Du haſt, vom Leidenskampf ſo müde
Mich ſtumm und traurig angeblickt;
Dein Blick hat mich ins Herz getroffen,
Er barg des Abſchieds herbes Weh —
Nur weinen kann ich noch und hoffen,
Daß ich dich einmal wieder ſeh'!

Da lagſt du auf der Totenbahre,
Vorüber war der letzte Schmerz;
Erloſchen war dein Aug', das klare,
Und ſtille ſtand das arme Herz.
Kein Helfer kam, der dich gerettet,
Umſonſt fleht' ich um Troſt und Licht;
Im Grabe hat man dich gebettet —
Du ſtarbſt, doch ſtarb die Liebe nicht!

Dir ward die Ruhe zugemessen,
Mich drückt des Lebens Bürde schwer;
Und mag die Welt dich auch vergessen,
Mein Herz vergißt dich nimmermehr.
Da steht dein Name eingeschrieben
Viel besser als auf Marmorstein,
Und dein Gedächtnis ist geblieben
So lieb und schön, so gut und rein.

Du sanfter Engel, den ich grüße,
Du heller Stern in meiner Nacht,
Das bittre Scheiden mir versüße,
Wenn meine Laufbahn ist vollbracht.
In lichterfüllten Regionen,
Weit hinter mir der Erde Leid,
Im Land des Friedens möcht' ich wohnen
Mit dir vereint in Ewigkeit!

Am Friedhofe.

Leis flüstern die Cypressen,
Wenn ich vorübergeh';
Vergangen und vergessen
Ist hier der Erde Weh.
Gruß dir, du stiller Garten!
Du stehst in Gottes Hut;
Hier von den irren Fahrten
Der müde Pilger ruht.

Du bist ein sichrer Hafen
In sturmbewegter Zeit,
Wo viele ruhig schlafen,
Vom wilden Drang befreit. —
Was blüht, vergehet wieder,
Die Welt, sie achtet's kaum;
Bald leg' auch ich mich nieder
Zum Schlummer ohne Traum.

Ziert meine letzte Stätte
Kein Kreuz mit schmuckem Reim —
Ruh' ich im stillen Bette:
Wohl mir, ich bin daheim.
Ob alles auch vergehet,
Eins bleibt und schwindet nie:
Auch über Gräbern wehet
Ein Hauch von Poesie.

Das tote Herz.

❦

Auf Thal und Hügeln ruht der Sonnen-
schein,
Rings aus den Büschen flutet Rosenduft;
Ich trete still zur Friedhofspforte ein,
Mein Auge ruht auf einer kühlen Gruft.
Dort schläft ein Menschenherz, das müd
und krank
Die Bitternis des Todes überwand,
Und das entflohn der Welt und ihrem Zank
Zuletzt im Grab die ew'ge Ruhe fand.
Nun schlummert es, von Gram und Sorge
frei,
Gleichwie ein Kind in seiner Mutter Schoß.
Der heiße Kampf des Lebens ist vorbei:
O totes Herz, wie lieblich ist dein Los!

Du gleichst dem Stern, der jählings unter-
ging,
Du gleichst der Rose mit geknicktem Haupt;
Du gleichst dem Lenzestraum, der mich um-
fing,
Als ich noch an der Erde Lust geglaubt.
Ein Sonnentag mit heißer Prüfungszeit,
Dann sterben eh' die Dämmerung beginnt —
Ist auch die Form dem Untergang geweiht,
Wenn nur der Lebenshauch zum Urquell
rinnt!

In Leid verſunken.

Ein Vöglein fliegt im Sonnenſchein
Weit über Berg und Thal,
Fühlt nichts von meiner Herzenspein,
Weiß nichts von meiner Qual.
Es ſingt und jubilieret hell:
O Menſch, vergiß des Kummers ſchnell
Und freu' dich auch einmal!

Du meinſt es gut, o Vögelein,
Ich kann dich wohl verſtehn;
Doch kann ich nicht mehr fröhlich ſein,
Kann auch nicht mit dir gehn,
Dieweil mein Frühling iſt dahin,
Dieweil ich immer traurig bin
Und mich nach Ruhe ſehn'.

Vergänglichkeit.

⚶

Im Glanze der Jugend, im wonnigen Mai,
Da glaubst du, da hoffst du noch kühn,
Wenn der Lust und der Freuden so mancherlei
Dir am Baume des Lebens erblühn.
Die Sterne, sie schauen aus ihren Höhn
Mit glänzenden Augen herab.
Wie scheint doch das Leben so süß und so schön,
Wie öd' und wie traurig das Grab.

Doch bleicht deine Haare des Alters Schnee
Und hat sich die Hoffnung entfernt,
Wie fühlst du des Lebens Bedrängnis und
Weh,
Wie hast du das Lächeln verlernt.
Wie schleppst du dich zitternd am knorrigen
Stab
Und sehnest dich heiß nach dem Ziel:
Wie wärst du so gerne im schweigsamen Grab,
Im ruhigen, letzten Asyl!

⸺•◦•⸺ ⸺⸺

Harr' aus!

Manch schöne Frucht vom Baum fällt in
den Sand,
Manch schöner Hoffnungstraum erfüllt sich
nicht.
Und im Vorübergehn mit rauher Hand
Ein loser Knabe manche Blume bricht.
So trifft der Tod ein liebes Menschenherz,
Und ob du gleich verzweifelnd fragst:
warum?
Und heiß die Blicke sendest himmelwärts —
O frage nicht! Harr aus und dulde stumm!

Es führt auf Erden dich kein sichrer Pfad
Aus dieser Widersprüche Labyrinth;
Du siehst ihn erst, wenn aus der Thränensaat
Die vollen Aehren reif zur Ernte sind.

Die Welt besteht nach ewig festem Plan,
Den unsre Menschenweisheit nicht ermißt.
Die ew'ge Liebe ist kein leerer Wahn,
O glaube nur, daß sie dich nicht vergißt!

Deutsche Verlags-Anstalt in Stuttgart.

Billigste illustrirte Shakespeare-Ausgabe.

Shakespeares
dramatische Werke.

Uebersetzt von
A. W. von Schlegel und Ludwig Tieck.

Im Auftrag der
Deutschen Shakespeare-Gesellschaft
herausgegeben und mit Einleitungen versehen, von
Wilhelm Oechelhäuser.

Mit 104 Illustrationen
von
W. Friedrich, Fr. Greve und F. Grotemeyer.

In Original-Einband Preis *M.* 6. --

Feine Ausgabe auf Velinpapier:
In Halbfranzband Preis *M.* 10. —

Nichtillustrirte Ausgabe:
Gebunden in Leinwand Preis *M.* 3. --

Feine Ausgabe auf Velinpapier:
In Halbfranzband Preis *M.* 7 —

Die Werke des großen Briten werden durch diese
Ausgabe immer weiteren Kreisen und vor allem auch
dem heranwachsenden neuen Geschlecht zugänglich ge=
macht.

- -

Zu beziehen durch alle Buchhandlungen.

Deutsche Verlags-Anstalt in Stuttgart.

Eduard Mörike
als Gelegenheitsdichter.

Aus seinem alltäglichen Leben.

Von

Rudolf Krauß.

Mit zahlreichen, erstmals gedruckten Gedichten
und Zeichnungen Mörikes.

In Original-Einband Preis ℳ 4. —

Eine Charakteristik des Dichters, die den Menschen
lieb macht und zu vielen Stellen und Wendungen des
Ganges seiner Phantasie den Schlüssel bietet. Allen
Freunden der Mörikeschen Muse ist das Büchlein bestens
zu empfehlen.

Württembergische Künstler
in Lebensbildern

von

Dr. August Wintterlin.

Mit 22 Bildnissen in Holzschnitt.

In Original-Einband Preis ℳ 6. —

Der Verfasser versteht es, durch lebenswarme Schil-
derung den einzelnen Abschnitten ein, man möchte sagen,
novellistisches Gepräge zu verleihen. Für das Studium
der württembergischen Kunst wird Wintterlins Buch.
das eine ganze Reihe von Künstlern zum erstenmale
behandelt, unentbehrlich sein.

Zu beziehen durch alle Buchhandlungen.

Deutsche Verlags-Anstalt in Stuttgart.

Das Kernerhaus

und seine Gäste.

Von

Theobald Kerner.

Mit dem Bildnis und Facsimile Just. Kerners,
sowie vielen Porträts und Illustrationen.

Fein gebunden Preis M. 5. —

Dieses Werk zählt zu den köstlichsten Schätzen
unserer Literaturgeschichte. Es ist ein immer blühender
Gedächtniskranz, den aus den lachenden Erinnerungen
seiner Jugendzeit Theobald Kerner seinem unvergeßlichen
Vater Justinus windet.

Ein Goethe-Strauß.

Jugendgedichte Goethes

biogr. erläutert

von

Robert Keil.

Mit Holzschnitt-Illustrationen u. einem farbigen
Lichtdruck.

Preis geheftet M. 5. —; fein gebunden M. 6. —

Das reich ausgestattete Buch behandelt eine Reihe
von Goethes schönsten und bedeutungsvollsten Jugend-
gedichten in chronologischer Ordnung.

Zu beziehen durch alle Buchhandlungen.

Deutsche Verlags-Anstalt in Stuttgart.

Die Kneippkur.

Eine feuchtfröhliche Studie

von

Karl Prümer.

Mit Bildern von Gustav Köhler.

Solid in Umschlag geheftet Preis ℳ 1.50.

Jeder Leser wird der mit humorvollen Zeichnungen versehenen lustigen „Kneippgeschichte" ein vergnügtes Stündchen danken.

Künstlerfahrten.

Humoresken

von

Albert Roderich.

Mit 51 Illustrationen von C. Sellmer.

Elegant geheftet Preis ℳ 2. —

Ein Buch voll prickelnden, unwiderstehlich zur Heiterkeit reizenden Humors mit gleich drolligen, durch fröhliche Lebenslust sich auszeichnenden Illustrationen. Jeder Leser, der das Künstlerpaar Feist und Lange auf ihren urkomischen Künstlerfahrten begleitet, wird durch die ergötzlichen Abenteuer in die heiterste Stimmung versetzt werden und die beiden Kumpane für alle Zeiten in Erinnerung behalten.

Zu beziehen durch alle Buchhandlungen.